| M433p | Matos, Lucas de
Preto ozado / Lucas de Matos. - Jandira, SP : Principis, 2022.
96 p. ; 15,50cm x 22,60cm.

ISBN: 978-65-5552-783-4

1. Literatura brasileira. 2. Autor negro. 3. Poema. 4. Poesia. I. Título. |

2022-0889

CDD 869.1
CDU 821.134.3(81)

Elaborado por Lucio Feitosa - CRB-8/8803
Índice para catálogo sistemático:
1. Literatura brasileira : Poesia 869.1
2. Literatura brasileira : Poesia 821.134.3(81)

Esta é uma publicação Principis, selo exclusivo da Ciranda Cultural
© 2022 Ciranda Cultural Editora e Distribuidora Ltda.
Texto: Lucas de Matos
Ilustração e projeto gráfico: Silvana de Menezes
Fotos: Grisel Sarich; Naira Barros (p.30); Dominique Gartmann (p.66-67)
Animação flipbook: Jhonson Encina
Editora: Michele de Souza Barbosa
Revisão: Fernanda R. Braga Simon
Diagramação: Ana Dobón
Produção: Ciranda Cultural

1ª Edição em 2022
www.cirandacultural.com.br
Todos os direitos reservados. Nenhuma parte desta publicação pode ser
reproduzida, arquivada em sistema de busca ou transmitida por qualquer
meio, seja ele eletrônico, fotocópia, gravação ou outros, sem prévia autorização
do detentor dos direitos, e não pode circular encadernada ou encapada
de maneira distinta daquela em que foi publicada, ou sem que as mesmas
condições sejam impostas aos compradores subsequentes

LUCAS DE MATOS

PRETO
OZADO

Principis

À minha mãe, meu pai e minha irmã.
Aos familiares e amigos queridos.
À ancestralidade que abriu e abre caminhos.
Ao Divino em suas diversas extensões.
Aos filhos que virão.

No texto poético de Lucas de Matos, nenhuma restrição se faz no percurso das imagens que brotam das suas rimas como as águas. Uma imagética da luta amorosa e da esperança que só é possível no fazer e ao mesmo tempo compõe os sentidos dos poemas do início até o final do livro, onde o afeto, o divino e a luta se encontram na encruzilhada de saberes como lastro do caminho que a voz poética deseja trilhar. Ergue-se para produzir o ato na dinâmica transformadora da linguagem. Assim a voz poética conta a história de si, sugerindo outros caminhos que separam o vitimado da passividade.

Jovina Souza, poeta e educadora

PREFÁCIO

Já é muita ousadia desse preto iniciar o seu livro impondo o pretoguês tão abordado pela nossa filósofa negra Lélia González. *Preto Ozado* traz a linguagem rebuscada do comunicador que o escreve, sem abandonar uma linguagem baiana, preta e periférica. Intercalando seus poemas com protesto, doçura e muita lírica, Lucas de Matos apresenta-nos uma fala que alcança crianças, jovens e adultos. Sua forma, sua métrica, sua rima, seu gingado, sua dor falaram com os meus. Todos me encantaram e em alguns momentos me fizeram chorar. Porque é disso que o nosso poeta trata: comunicar o sentir. É isso que eu percebo ao percorrer gostosamente as páginas deste livro tão terno, tão duro, tão livre e tão sério.

Ser poeta na atualidade brasileira não pode ser um exercício de preocupação com a "perda do halo", ou seja, com uma poesia pura e sem engajamento. Principalmente quando se trata de nós, poetas pretos e pretas. A poesia pura que nos perdoe, mas estamos chegando de "voadora". Não foi Lucas de Matos quem disse isso, mas ficaria bem em seu texto e na sua boca, pois, na sua poética, a lírica se faz de acordes dissonantes que ressoam a partir de uma contemporaneidade que ainda precisa lidar com o fascismo, o racismo, a LGBT+fobia e a equivocada superioridade do ser humano diante da natureza que o sustenta. A pureza apresentada no texto escrito por esse jovem poeta negro e periférico se dá pela insistência em manter o lindo sonho de um Brasil melhor, de um mundo melhor. Lucas de Matos abre seu livro com o poema que o intitula. Nesse poema, o "Preto Ozado" referencia as conquistas obtidas pelo povo preto brasileiro por meio da pressão popular, principalmente o acesso ao ensino superior. Mas, como mulher negra, o que me toca sobremaneira nesse poema é a validação que o poeta faz aos ensinamentos da intelectual negra baiana Vilma Reis. E logo em seguida, em outro poema, faz homenagem a Carolina Maria de Jesus, deixando entrever que o poeta reconhece a severa e perpétua luta das mulheres negras na nossa sociedade, destacando-a e pedindo licença a essas mulheres com suas vozes fortes para poder dar continuidade às outras tantas grandes lições de respeito à diversidade presentes neste belíssimo livro.

O poeta segue fazendo reverência às mulheres negras quando lindamente escreve à sua mãe, reconhecendo as renúncias que a maioria das mulheres-mães têm de fazer para criar os seus filhos. Tudo isso em um texto deveras emocionante que qualquer filho ou filha apaixonada desejaria ter escrito à própria mãe. E do seu grito surgem estrelas que brilham para iluminar os caminhos. É assim que percebo os poemas deste livro que denunciam e protestam contra toda forma de preconceito e discriminação, poemas esses que estão ocupando mais de um terço das páginas do livro *Preto Ozado*: "Carolina Maria de Jesus", "Ninguém vence só", "Black power", "Vinte de novembro" são alguns desses poemas nos quais o nosso poeta faz questão de demonstrar a desfaçatez de uma sociedade que finge não ter preconceitos como uma estratégia para que não lutemos pelo direito de usar o nosso cabelo como desejamos, de sentar nos bancos das universidades públicas, de amar a quem quisermos e de valorizar a nossa ancestralidade. Retirando-nos a liberdade de sermos nós mesmos, na tentativa de perpetuar a escravidão. E, sobre a esperança, é só na dança da ação e da fé na vida que podemos reconhecê-la. Não existe esperança sem ação para esse poeta, por isso os seus poemas que nos convidam a ter esperança trazem em si um verbo que nos impulsiona à ação, como a exemplo no poema "Fale". Fale é o imperativo inicial para darmos voz ao nosso corpo que "Samba", que tem "Criatividade" e se move a partir de uma "Felicidade insistente".

Esses são alguns poemas do livro *Preto Ozado* que não apenas denunciam, mas nos apontam os instrumentos para nos libertarmos do jugo do opressor.

O poeta deixa claro que não há nada que seja possível sem ela, a mãe da permanência dos corpos: a senhora natureza. Compreender que a falsa superioridade do ser humano diante da mãe natureza é mais uma forma de opressão faz com que brilhantemente o nosso escritor nos apresente o poema "Reparação". Reparar os danos a esse meio ambiente que nos nutre, mas não foi feito para nos servir. No "Cordel biodiverso", os orixás são ditos como os melhores mestres que podem nos ensinar a cuidar e preservar a natureza, que é a mais bela representação da divindade. Preservar a biodiversidade é preservar a vida humana, lição tão óbvia desse professor da Vida Plena. Esse comunicador do sentir.

E, com versos fortes e sólidos, a vida líquida de um texto que nos diz que não há mais tempo para nos recusar a ver a vida escorrendo pelos canos partidos e se perdendo na estrada. A água precisa ser preservada, porque a vida precisa ser preservada. A vida dos meninos que se vai violentamente no asfalto das cidades, o líquido que nos sustenta e o sangue que precisa estar nas veias, e não escorrendo pelas vias. Por isso o poeta escreve que tem pena de ver tanta morte anunciada, em seu poema "Morte". A morte da biodiversidade e a morte daqueles que a defendem. A morte dos indígenas, a morte da nossa ancestralidade. Essa morte que nos mata, como diz o poeta:

"aos poucos" e a muitos, em um país que desrespeita sistematicamente a vida.
Quando a poesia é um bálsamo e a arte é a salvação. É sobre o corpo que canta, a voz que dança e a letra que guerreia. É sobre subverter a ordem dos sentidos e desordenar a função de cada parte do corpo, de cada aparição do espírito. Se não tem como ser feliz nesse cenário de destruição refletida por seres humanos esvaziados do sentir poético? O nosso "Preto Ozado", em toda a sua ousadia, diz que sim. E diz dançando a "Dança afro" dos nossos ancestrais negros. Diz que sim, letrando-se e propondo o "Letramento" do seu povo através dos grandes textos escritos pelos nossos e pelas nossas. Comendo sonhos, porque precisamos matar a "Fome de arte" que pode nos salvar da desilusão impingida por um sistema que prega a dor como salvação em vez da "Grande companhia" dos livros que podem nos resgatar da ignorância que destrói tudo. E é no "Samba", brecha criada para salvaguardar o corpo das dores do açoite e do medo, que o poeta vê outra saída para o povo negro romper com as amarras simbólicas e reais da contemporânea escravidão dos nossos corpos e mentes.
Eu leio e recomendo essa didática da permanência da vida,

SUMÁRIO

Prefácio 7

PARTE 1 - DE ONDE EU VIM

Preto Ozado 15
Honra à ancestralidade 17
Árvore genealógica 18
Intolerância 20
Fé 22
Dança afro 24
Samba 25
Bença 27
Mãe 28

PARTE 2 - ONDE ESTOU

Criatividade 31
Reparação 32
Mapa da fome 34
Vinte de Novembro 35
Poema ao tempo 36
Dissidente 38
Vida líquida 39
Pausa 40
Mantra de quem sonha 41
Felicidade insistente 42
Ornitorrinco 44
Poesia de admiração 46

Chicote 48
Letramento 50
Black power 52
Não vou servir 54
Ninguém vence só 56
Carolina Maria de Jesus 58
Representatividade 60
Espelho 62
Por que um pai trans te incomoda? 64

PARTE 3 - PRA ONDE EU VOU

Conversa preta 68
Perguntas 71
Oportunidades 72
Cordel biodiverso 73
Terreiro não é UTI 75
Fale 76
Tecendo futuros 78
Grande companhia 79
Seja emocionado, seja herói 80
Morte 82
Conservador em conserva 84
Bahia Preta 86
Continuação 88
Fome de arte 90
Biografias 92
Agradecimentos 94

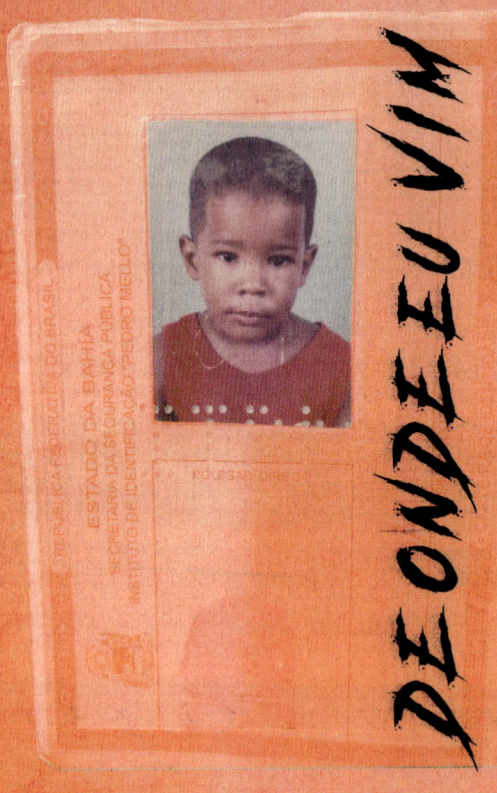

DE ONDE EU VIM

PRETO OZADO

Deve doer, né?
Querer me ver trancado no porão da história
enquanto eu continuo a ascender
Querer me ter capacho, na escória
Agora que eu tenho acesso à escola
e escolho enegrecer

Te irrita enxergar, mas estou lá
Tête-à-tête com seu filho na Universidade
e tem hora que até o ajudo a estudar
Vai ter que aceitar:
Você quase coroa sua tentativa de apagamento
Mas não contava com o aquilombamento
– Mandinga para viver, salvaguardar a memória

E hoje museus versam essa trajetória
de força que ressoa
Tapa os ouvidos, veda os olhos, se te atordoa
Deve doer, e, se dói, deixo que doa

Não vai passar batido do meu close
nem jogar quebranto no meu corre
Eu corro há séculos
e ainda continuo a driblar as curvas da morte
Não me venha dizer que o sangue derramado foi sorte

Cantei sobre o breu,
mas hoje quero cantar sobre o brilho
Quero subir de tal forma que os meus subam junto comigo
Te segura!
Eu vou atravessar o portal
Sou cria de Vilma Reis:
"Cabeça erguida, bico na diagonal"

E já que, neste país,
pra não ser preso
tenho que andar sempre identificado,
Toma aí meu RG: Preto Ozado
Diga meu nome e sobrenome,
e, mesmo que doa, diga alto!

HONRA À ANCESTRALIDADE

Sua história é feita de lonjuras
de tempos longínquos, imemoriais
Da terra pisada pelos ancestrais
no cimento, no calcário, nos canaviais
Seus pés desimpedidos, desamarrados,
percorrem os caminhos de uma liberdade inacabada
E ainda há tanto a caminhar
há tanta estrada

Te prepara:
calcanhar, coração, cabeça e coragem
Te cobre de inteireza
e levante da cadeira
Que o caminho não se pavimenta por si

És matéria do que foi, um dia,
sonho de glória
E no seu andar liberto
tente honrar essa memória

Passos de longe vão mais além
se, no caminhar da história,
que se faz agora,
você vem!

ÁRVORE GENEALÓGICA

Mãe pai avó avô
são bibliotecas vivas, ambulantes
Conhecimento griot
Da história nossa
Passos que nos antecedem e levam adiante

É digno de perda quem seu passado ignora
Ai daquele que não sankofa…
Quem não sabe de sua raiz,
no mar do aleatório se ancora

O que hoje é retrato sépia
foi fato vivido outrora
Procure nos mais velhos esse aprendizado
que não é propiciado em nenhuma escola

Se recuse a ser um órfão ancestral
Faça sua árvore genealógica
Saiba quem veio antes
e deixe essa riqueza para os da geração próxima

Nossos parentes são referências bibliográficas orais
Tome nota deste conhecimento enquanto há tempo
É preciso contar a própria história
Senão nos colocam qualquer enredo

INTOLERÂNCIA

Tentam me converter nos ônibus
e nos panos de prato
entre uma tragédia e outra do noticiário
no Whatsapp
nas mensagens de bom-dia
na imensidão dos templos
que se multiplicam na minha periferia

Sou obrigado a ver minha fé
sendo alvo de zombaria
pelas elites
pelos membros do poder
por quem não se apodera de sua história
nas repartições públicas e privadas
e até nas salas de aula

Sou demonizado como são
as "coisas de preto"
alcunha originária pela infâmia secular
da colonização
que forjou esse engodo

É esdrúxulo pensar que
por professar outra fé
posso até mesmo ser morto

Por essas e outras
que a intolerância religiosa
no Brasil
tá é mais pra racismo religioso

Fé

Preciso continuar assim
porque ao findar de todo dia
Resta eu comigo
Eu, com minhas mãos em prece
Meu caleidoscópio de pensamentos
Minha caixa de arrependimentos
e essa teimosia em esperançar

Vivo gestando meu futuro em cada andar
em cada ato
E preciso continuar assim
surpreso, maravilhado
Porque é mais fácil resvalar no vórtice
das coisas vãs de significado

Fiz um barco
É de madeira ancestral, baobá
Que me orienta a navegar nesse decurso temporário
de minha presente existência

Não queria que ela fosse
apenas de resistência, sobrevivência
Mas sobretudo de excelência, plenitude;
No atlântico da vida, meu barco segue amiúde

Preciso continuar assim, a remar na infinitude
Porque há redemoinhos no profundo da maré

Eu, navegador de mim
em meu barco
chamado Fé

DANÇA AFRO

Cada movimento é uma metáfora
Cada passo, uma história
O corpo se conecta com a Terra
com a memória e com o agora

Os detalhes gingam
nas mãos que desenham
a flecha de Oxóssi
o espelho de Oxum

Ali se falam os idiomas sublimes
do encanto e do êxtase

A linguagem dos corpos vigorosos
de pés sem sapatilhas
Da gênese de um povo
que não endurece o corpo
Baila, quebra, requebra
num completo ato de entrega

Uma forma de prece
que em vez de apenas duas mãos
Todo o corpo se oferece

SAMBA

O tambor estalava noite adentro
retumbando nos canaviais
Era o momento em que os negros
entre palmas e requebros
Amenizavam os ais
Dos dias infernais

O movimento do corpo
em busca ávida
Conectava com a terra deixada
para não ser esquecida
em solo inexplorado
catequizado, escravista

Chamavam seus ancestrais
dançavam
Cantavam seus sentimentos
desenhavam nas tranças
as rotas das fugas
Faziam o aquilombamento

Humilhados de dia
Artistas de noite
O samba era sua poesia antiaçoite
seu canto de libertação
Escrita em alma, corpo, som
Sonho de emancipação

BENÇA

Cheguei em casa
são e salvo
Sendo a prova viva que escapou da bala
escapou da vala
e da estatística

O "Deus te acompanhe" de minha mãe
sempre me livra

É uma reza curta
singela
bendita

À minha mãe

Tenho te santificado num descomunal
porque vem de batalhas mil
Desde quando me pariu
e me ampara sem jamais parar

Que fonte misteriosa de amor abundante
inesgotável
Que doação contínua

Será que me perdoará
por ter tomado incontáveis horas da tua valiosa vida?

Quantas perguntas eu te faço silenciosamente,
minha mãe,
Porque imagino que te canse
o ininterrupto ensinar
E diante de tua sabedoria
sei nada

Grande Professora,
ensinai-me a continuar vivendo
Quando estiver sem ti
Ensina–me a criar alguém
como você criou a mim

ONDE ESTOU

CRIATIVIDADE

Eu queria que chovesse
chovesse chovesse
de tal modo
que meu pensamento
se encharcasse
e n'água fria das ideias
transbordantes
eu boiasse

REPARAÇÃO

Rio não é recurso
Árvore não é recurso
Nem a Terra, o Vento ou o Sol
Existem pro nosso (ab)uso

São divindades

O humano, em sua vaidade
Sua vontade torpe de tomar pra si
Nomeou de recurso
aquilo que possui direito inato de existir

E assim gastamos, usamos, sujamos
a riqueza dada pela natureza
Porque não sabemos coexistir...

Aliás, sabíamos,
antes de a colonização atracar aqui

Essa sanha de apropriar para devastar
foi herdada há meio milênio
E é o momento de descolonizar

Cuidar da Terra é cuidar de si
e de quem, no futuro,
virá a construir esse abrangente
lar de toda gente
todo bicho
tudo o que é elementar

Apure os ouvidos pra escutar
A Terra grita
Reparação já!

MAPA DA FOME

Enquanto escrevo este poema de repúdio,
Alguém na rua estende um prato enferrujado, sujo
à espera de comida

Enquanto tomo meu café,
mesa múltipla, enriquecida
E usufruo do direito animal de me alimentar
Alguém dorme na fila
do restaurante popular

Enquanto penso em tamanha inanição,
Fartura de falta, escassez de feijão,
Alguém que pode muito
e faz nada
Veda os olhos, vira as costas pra nação

É dura a sobreposição:
por sobre o mapa do meu país
Impuseram nova cartografia
arbitrária e infeliz
Pavorosa geografia
que não possui cicerone

É o mapa da carestia
É o mapa da fome

VINTE DE NOVEMBRO

Quem defende a consciência humana
em pleno Dia da Consciência Negra
está ciente da desumanidade
que habita o seu (in)consciente?

POEMA AO TEMPO

Sagrado e silencioso
Passa por mim como um amigo antigo, embora sempre novo
Não repete roupa porque se veste do inédito cotidiano
Carrega novos sonhos e planos
Sempre cheio de eventos, de convites
me intimando a viver cada manhã
como se fosse a única
Porque realmente é

Senta comigo pra tomar café
e falar da vida que não passa no noticiário
Coexiste em mim quando me olho no espelho
no crescer dos meu pelos
No abandono de velhos desejos
e na escolha de outras aventuras

Guarda meus segredos
e sabe de minhas horas futuras
apesar de não me contar nada em relação a isso
Diz que o hoje é o que importa
que o agora é valioso
e o amanhã é impreciso

Daí joga cartas de acasos
num jogo que vezes ganho, vezes perco
E assim ele é meu mestre, professor, vidente
É meu amigo onipresente
É meu amigo Tempo

DISSIDENTE

Se meu colorido te ofende
ofusca o opaco do teu olhar enviesado
careta, carente

Se luto diferente, despido de amarras
coberto de amor
E, mesmo sem armas, te encaro de frente

Se festejo meu modo de ser, dissidente
Desconcertante porque remodula
Incômodo porque desmascara
e exagero em brilhar, ser reluzente

Se você diz que não compreende
porque rezou uma cartilha e aprendeu na família
e agora pede pra eu deixar passar, impunemente

Atente!

Nossas diferenças colidem na mesma Constituinte
Feito você, também sou gente
Da minha força não duvide
Se ligue

Me respeite

VIDA LÍQUIDA

A cada cano de água estourado
é como se minha vida
se esvaísse pela rua
E é de uma solidez dolorida
assistir ao desperdício
de mim

PAUSA

Hoje eu quero soltar a corda, distensionar
pôr uma roupa nova, maquiagem, ir dançar
Buscar saúde, cair no samba
Remédio mais eficaz da farmácia popular

Hoje eu quero saber de paz e esperança
De sonhos juvenis e belezas
Quero ver tranças e crespos esvoaçantes
Deixar meu corpo swingar no baile funk
Dar abraços comunitários e oferecer sorrisos

Hoje eu quero respirar, transpirar,
É urgente me celebrar e me festejar
Apesar de, embora, entretanto...
Entre tantos caminhos percorridos
Sobre todos os percalços

Hoje só quero saber de sucesso
Estou sambando

MANTRA QUE SONHA

Sei que meus sonhos são tão grandes e tão fortes
que não permito abater-me por qualquer interferência
Pois pra alcançar a felicidade eu necessito de
disciplina, propósito, coragem e paciência

Se por acaso eu me perder no meu caminho
vou procurar um espelho e dizer, com resiliência:
Eu sou minha própria referência

FELICIDADE INSISTENTE

Mesmo que o mundo me apresente
a guerra
o sangue
a falta de comida
o desânimo
a desesperança
a fuga sedutora e convidativa
a prisão
a estatística
o elevador de serviço
o analfabetismo
o negacionismo
o precário ônibus nosso de cada dia
o medo de vida na cidade
a ansiedade
o sobressalto
o assalto e a carestia
a carência do afeto
o ataque à cultura
a preguiça do pensamento
a efemeridade de tudo

a obsolescência e o sedentarismo

o apagamento do passado e do futuro

o ponto de vista unilateral

o desprezo (in)constitucional

a mesmice

a indulgência

a insistência em padronizar

o noticiário de catástrofe

a tragédia ambiental

a vontade de cair

a falta de ar

Eu me lembro de rir, de respirar
E me movo pro mundo continuar

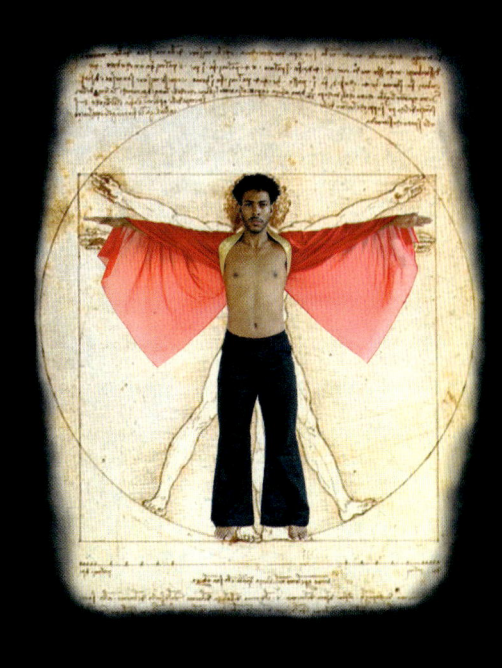

ORNITORRINCO

Tudo que eu gosto me transforma
Transmuta a minha forma noutras tantas
Sou árvore milenar,
que exubera todas as plantas

Tenho gestos dos que admiro
e das formas falas visões
eu me inspiro
eu me aproprio

Minha poesia é bricolagem
da palavra lida
da música impregnada
dos horrores assistidos
e dos prazeres contemplados

Sou este misto
Este bicho ornitorrinco
Esta sopa antropofágica
que você agora prova

Porventura
se me toma
se me aprova
Eis-me agora
parte informe
da tua forma

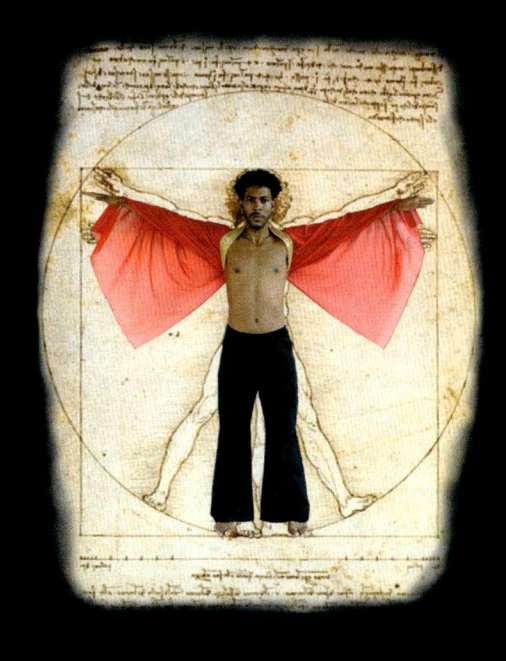

POESIA DE ADMIRAÇÃO

Aos amigos

Não sou seu admirador secreto...
Sou seu admirador explícito!
Porque você é um presente pro Universo
e nada se compara à sua alma irrepetível

Eu te admiro profunda e verdadeiramente
porque a minha passagem por aqui
seria mais pobre se você não existisse
Quero dizer que você me inspira
mesmo sabendo que, outrora, eu já disse

Eu te admiro pela coragem, persistência e inventividade
e te agradeço por engrandecer a minha fé
no existir da humanidade

Te admirar é contemplar minha própria existência
Porque ainda que sejamos únicos
somos todos um
Criações da Divina Inteligência

E, mesmo de longe, não importa
Minha admiração transborda
rompe as bordas, as fronteiras
Viaja pelo espaço
E chega a você como um poema
que também pode ser um abraço!

CHICOTE

Minha língua chicoteia
fascismos, negacionismos, tristezas,
puritanismos, hostilidades, injustiças

Põe-se voluntariamente a
contrapor falas e fatos
antidemocráticos
descabidos
infundados
segregacionistas

Minha língua ricocheteia contra
barbáries que perduram
de século em século
e seguem impunes

Ordena as ações de desconstrução
para criação de novas narrativas
E confabula, gustativa, com palavras
libertárias goela afora

Minha língua é piegas
e floreia a vida
Gosta de falar de amor
dispara
E não há quem diz: pare
Não há quem meu discurso corte

Prefiro beijar
Mas na hora da luta
Minha língua é um chicote

LETRAMENTO

Se a polícia me revistar
vai se assustar
Ando cheio de arma na mochila
Ontem mesmo tinha três
Cada uma de um estilo diferente
de um calibre especial
Tenho até de edição limitada
Entro em tudo quanto é canto
Nunca estou só se tenho minhas armas

Não há detector que me detenha
nem timidez que me contenha
Quando quero apresentá-las
Digo: "Mãos ao alto!"
E aí começo a rajada
É letra pra todo lado
é grito, é sonho, é ato, é fala
Tem gente que se reúne
só pra me ver exibir, gratuitamente
Elas, que pra mim são tão caras

Sou contra o contrabando
mesmo vivendo num país que quer taxá-las
E aí insisto que elas garantem cidadania,
Integridade, conhecimento, fantasia, sentido;
Ô seu polícia, não se assuste
Dessa arma não sai tiro
Sou antiviolência
porque eu me armo de livros!

BLACK POWER

Estava a caminho de casa quando ouvi:
"Rapaz, eu te achava bonito antes. Mas esse seu cabelo..."
Um vizinho me disse isso em plena rua. Logo retruquei:
"Tá na minha cabeça ou tá na sua?"

Talvez tenha sido inveja
e ele me quis feito ele, careca
Desculpa, colega
Mas este cabelo é tão bom
que não vai abandonar minha cabeça
Pois quanto mais penteio, mais cresce, mais encrespa

Talvez tenha sido despeito
porque incomoda ver um preto
amando e ostentando seu cabelo
E isso nunca dá o direito
de algum desavisado vir meter o bedelho

Talvez tenha sido tristeza
porque um olhar opaco não consegue ver beleza
nem o traço de realeza
que um black power ostenta

Mas o que eu tenho certeza
é que foi racismo
Mesmo em sua forma sutil ele está lá, explícito
e não se pode acatar ou deixar passar batido

Desde então, o vizinho não falou mais comigo
e ainda comentou com os outros que fui grosseiro
Por que é sempre assim quando erguemos a voz
por respeito?
Somos tachados de raivosos, chatos, mimizentos...

Não me importo!
Continuo a exercer, plenamente, o meu direito
de vivenciar minha negritude e a minha liberdade inerente
Vão ter que segurar esse black gigante, ostensivo
e imponente

NÃO VOU SERVIR

Eu vivi, vi na TV, ouvi falar
que em plenos anos 2000
ainda tem gente branca com mania de sinhá
Eita, vexame...
Convidar uma pessoa pro seu espaço e então ordenar:
"Vai servir todo mundo!"
Alto lá: esse eco escravocrata, tá na hora de abafar
Revela uma ideia implícita de quem pode servir
e quem deve mandar

Sou livre, vou retrucar:
"NÃO VOU SERVIR NINGUÉM!"
Minha liberdade não se negocia
Honro o passo ancestral que me guia
para um novo pensamento estruturante se fazer presente
E mesmo com tanta senzala moderna
não há casa grande que me ordene

Subjugar-me? Nem tente
Bobeou e eu puxo a toalha de mesa do seu banquete
Revelo a sujeira da etiqueta da hipocrisia
e saio à africana, com elegância e ousadia
Faço verso com ironia pra dizer que é chegado o tempo
Em que a igualdade estrutural não será utopia
Descolonizar é a palavra de ordem a se seguir
E onde queres subserviência
sou subversão e digo não
NÃO VOU SERVIR!

NINGUÉM VENCE SÓ

Quando Flávia passou no vestibular
se tornando a primeira da família a ocupar
aquele espaço tão difícil de entrar
Passou junto a sua mãe
Que tanta roupa passou, lavou, engomou
Que tanta casa faxinou
e de tanto bebê cuidou
(além dos próprios)
Quase uma super-heroína, sem capa,
oprimida, mal paga
E agora via, na sua filha,
a possibilidade da vitória
da virada

Passou junto o seu pai
que também passou reboco nas paredes
Pintou, emassou, reforçou
as vigas da construção
na qual agora sua filha adentrava
Entrava ali um símbolo de retomada
De uma história roubada e massacrada
Entrava em sankofa
pra não se esquecer de cada passo ancestral
que pavimentou a estrada

E assim passou Zumbi, Dandara
e toda a gente organizada
do quilombo ao quórum
para dar à Universidade outras caras
Entrava, com sua conta de Xangô, Flávia
E sairia dali
Mais uma preta
Advogada

CAROLINA MARIA DE JESUS

Foi num tempo de parca dignidade
Sem comida, num barraco, esquecida à margem
Zero oportunidade ou vantagem
Alfabetizada pela metade

Esse tempo se assemelha ao de hoje
mas passaram-se décadas
Virou-se o século
e ainda existem muitas como ela

Mães solteiras
Guerreiras de batalhas que não iniciaram
Carregando fardos que lhes são impostos
Criando filhos num mundo de nãos

Mas com lápis e papel na mão
catados no chão, no lixão
Fez a própria revolução ao escrever sua trajetória
A história dos esquecidos da nação

Na Favela do Canindé, São Paulo, anos 50
a literatura deu força para essa preta
resistir em seu "Quarto de Despejo"
Na ausência de feijão, fé, festejo

Relato de desespero e esperança
Análise de um país de contrastes
Uma flor que desabrocha no esgoto
Um manifesto pela igualdade

Sonhava com a possibilidade de viver
em vez de, cotidianamente, resistir
Queria casa, comida, cidadania
ser publicada, plenamente existir

Mesmo com fome de tudo e desprovida de sins
Queria um lugar no mundo pro preto viver feliz
O seu legado de força nos inspira e conduz

Lute como Carolina Maria de Jesus

REPRESENTATIVIDADE

No teatro da escola, quando era criança
quis fazer o papel principal da peça
Queria ser a Branca de Neve, ia arrasar à beça
Sabia as falas, os gestos, todo o enredo
só não sabia que a professora, já grande
Pensava tão pequeno

"Branca de Neve? Não pode, minha querida!"
A pró negava sua vontade menina
com os argumentos tão deseducados
Para uma pessoa que ensina:
"Seu cabelo e sua cor são diferentes, não é verdade?"
Apontava pro livro didático sem a tática da criatividade
sem se ater à possibilidade de recontar uma história
Criando diversidade

Se ensinar é um ato de expandir horizonte
Não combina ser professor com ser ignorante
Já que o opressor é um antiprofessor
que tenta inibir em vez de dar azo

Ela lembra com ironia desse fato
pois quando cresceu quis cursar teatro
E hoje tem seu rosto preto em cartazes de cinema estampado
Sabendo que isso não apaga um fato triste do passado
Mas ajuda a mudar o curso da história

Não é um clichê:
A representatividade, de verdade, importa!

ESPELHO

Foi decretada uma ordem
no país na minha intimidade:
Vou me olhar no espelho
me encarar sem medo
e vou fazer as pazes

Quero me pacificar por fora
por dentro e pelo avesso
Serenizar meu corpo-templo
e consagrar a passagem do sagrado tempo

Chega de guerra no território de mim mesmo
Onde havia divergência, haverá dengo
Haverá festa pra celebrar quem fui
quem sigo sendo

Se de reinados, descendo
vou andar como quem reina
Afinal, tenho uma coroa natural
Encrespada, invocada
Que não passa sem ser notada
E se impõe altiva
mesmo quando desrespeitada

Vou rodopiar sobre as linhas
desse meu mapa
Acne, estria, cicatriz, marcas
Ei de acolhê-las se não conseguir amá-las
Arrumarei as malas para essa viagem íntima
Esse itinerário só com data de ida
essa peregrinação afetiva
Vou me arrumar pra vida

Ai, espelho, espelho meu:
É data comemorativa
É dia de ser, cada vez mais,
Eu

POR QUE UM PAI TRANS TE INCOMODA?

Tem gente que não se incomoda
com pai que expulsa
com pai que renega
com pai que agride

Tem gente que não se dá conta
de que o aborto paterno, há muito tempo, já existe

Não interessa se o pai some, abandona
não registra a sua cria
mete o pé no mundo e se vai…
Tem gente que acha normal
que a mãe também vire pai

Tem gente que naturaliza
o jeito duro paternal
Inventaram que homem não chora, afinal…
Conversa fiada de gente que defende
que pai que educa é pai que dá porrada

Quanta gente hipócrita!
E pra esse tipo de gente eu pergunto:
por que um pai trans incomoda?

Existe pai de todo jeito:
Pai celestial, pai de santo
pai de amigo que vira nosso pai
padrasto
avô que é pai ao quadrado
tio que é pai emprestado
pai que termina sendo escolhido, adotado

Pai que é pai
tem que estar presente
Dar afago,
comida na mesa e educação
Tem que ensinar os valores
que perfazem uma cidadã ou um cidadão

Por que perder seu tempo
destilando seu veneno
para um pai que acarinha,
cuida, assume e se compromete
a lapidar o futuro do pequeno ser que cresce?

Um filho ou filha
que possui amor dos que te cuidam
Não se torna a pessoa que odeia,
que rejeita ou rotula

Não se torna o tipo de gente ao qual
eu destino essa pergunta:
Por que um pai trans te incomoda?

PRA ONDE EU VOU

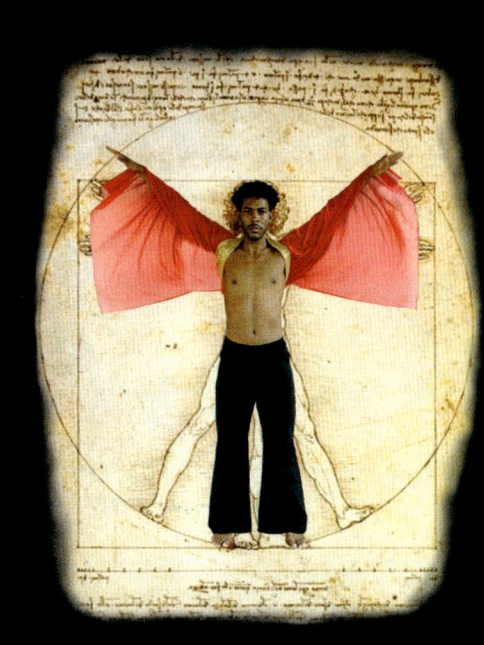

CONVERSA PRETA

Ei... A gente pode conversar?
Não apenas sobre o lugar de fala
mas sobre a possibilidade de falar

Venho contar de mim, de nós
Da lonjura dos passos
Da tessitura dos crespos
Das vozes de antepassados
quilombos e reinos

Com o verso desembaço o vidro da História,
o mito da escória, a prosa de escárnio
E começo as reparações seculares
Desde quando as escravidões
foram batizadas de descobrimento
Salvação, desenvolvimento

Se não constam nas atas e escrituras oficiais
Foram contadas nas rodas,
aos pés das fogueiras e baobás
Nossa cultura de oralidade
é de encantamento
Preservação do fato e do pensamento

Da ginga na roda de capoeira
e do gingado existencial para manter a alma altiva
Mesmo sob o ricochetear do estrangeiro
Do escravagista
Do estranho parasita

Venho te contar da rasteira ancestral
a golpear a antiga chaga
que nos desumaniza
Venho te narrar outras verdades sobre os inventos
da tecnologia, da música, da medicina,
E de tantas riquezas
que tem as digitais da negrada por cima

Com a rima, enegreço
Com o brilho da melanina, esclareço
Peço licença aos mais velhos e aos mais novos
para versejar a nossa história
com respeito e com apreço

Ah, senta que a conversa é longa
É uma troca, um tratado
É um papo sem treta
Tome nota que a conversa é boa
Compartilhe; essa conversa é preta!

PERGUNTAS

Quantos livros cabem
no tempo em que navegamos
de forma desatenta
em redes (anti)sociais?

Que tal rolar menos o feed
e escutar mais os convites
que a vida te faz?

OPORTUNIDADES

Se Mateus tivesse a mesma oportunidade
de estar em uma sala de aula bonita
Ter livro novo, merenda boa e farda limpa
ouvir incentivo de quem ensina
e poder, em casa, estudar tranquilo
sem ouvir barulho de choro, de grito, de tiro

Se Mateus não precisasse abandonar a classe
pra ajudar a família em casa
Passasse as manhãs vendo desenho animado
Ter condução pra ir e vir
Ter condição de dignamente existir
Se aprendesse mais do que apenas assinar o seu nome
e visse fartura no lugar da fome

Se Mateus pudesse andar tranquilamente
no lugar onde nasceu
Ser um jovem ávido, sem medo de ser alvo
Se pudesse se considerar empoderado
Tivesse exemplos de êxito
e acesso a outros contextos
Se não tombasse antes dos vinte
e visse seu rosto amadurecido

Mateus poderia estar lendo este poema
Mateus poderia ter escrito este livro

CORDEL BIODIVERSO

Dona Oxum é professora
que respeita as águas doces
Ensina a embalar os peixes
a nutrir sede de gente
e das matas ciliares

As matas do sábio Oxóssi
com sua flecha certeira
Que protege a mata inteira
da desumana maldade
de destroçar toda árvore

Sumaúma ou baobá
Mesmo a árvore Tempo
(Docente maior não há)
Pode até ser abatida
por quem não sabe enxergar

Por quem não sabe sentir
a sapiência soprada
pelos ventos de Oyá
Búfalo e borboleta
em seu metamorfosear

'Inda ajuda formar ondas
no reino de Iemanjá
Na grande escola do mar
Onde o marinheiro aprende
a arte de navegar

Espero com muita fé
pela luz do arco-íris
formado por Oxumarê
Que um dia toda a gente
compreenda a inteligência
e o respeito à Natureza
Que existe no candomblé

TERREIRO NÃO É UTI

Depois de ir a todos os médicos
de todas as categorias e especialidades
até no mais renomado dos hospitais

Depois de ir às igrejas
todos os templos, todas as arcas
missas, pregações, leituras, curas mais

Depois de tentar todas as sugestões
das mais impensáveis possíveis
nas buscas virtuais

Depois de passar anos a fio
Criticando, demonizando, zombando
"Tá repreendido! Chuta que é macumba"...

Quando o desespero viceja
Suplantam a ignorância
E é no terreiro que procuram a cura

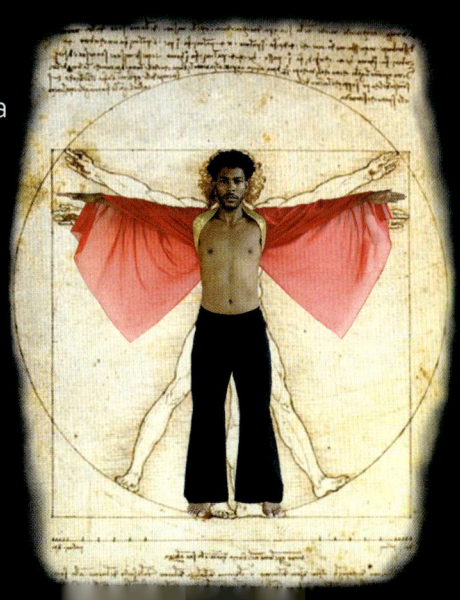

FALE

Tem gente que teme falar ao microfone
Apresentar um trabalho em sala de aula
Levantar a mão quando sabe a resposta
Dizer um poema em voz alta

Conheço gente que nem gosta de bater parabéns
pra não estar em evidência
Nem mesmo no dia em que a vida
deve ser ainda mais celebrada
Evitando, a todo custo, ser notada

Isso me leva a pensar que o ser humano
dotado de inteligência, sagacidade, capacidade
É o único bicho que tenta se esconder dos seus

Os pavões abrem suas imponentes asas
A mais bonita é a mais pescoçuda das girafas
Elefantes sacodem as gigantes trombas
Baleias bailarinas ostentam suas toneladas
Leões põem a juba pra jogo
Sabiás gorjeiam o tempo todo
Gatos miam para marcar o território
E se até as araras se apropriam do nosso palavrório
por que é que nós temos medo de falar?

Timidez é invenção humana
e se não dá pra desinventar
dá pra suavizar se a gente quiser tentar

Todos nós temos algo a acrescentar
uma vontade de pôr a voz no mundo e falar
Em nosso desejo
Em nossa defesa
Em nosso diferença

Não se emudeça
com medo do que o outro pensa

Num tempo em que tentam nos silenciar
de todo jeito, de tantos lados
Não se cale
A expressão humana de falar
Quando bem usada,
pode salvar

Fale!

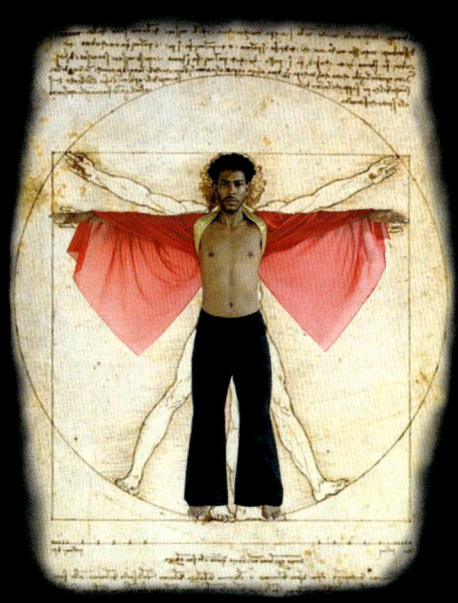

TECENDO FUTUROS

Como quem borda um belo desenho
sob a malha esgarçada, sob os farrapos
Tentamos redesenhar o futuro do país
rompendo com a sandice fútil
de quem diz que muito faz
Mas nada faz, só diz

E a cada ponto costurado, cada nó retesado
através das nossas mãos que o desenho vai surgindo
É a reforma do poder onde o povo possa ver
sua força levantar o que está se destruindo

Juntando esses farrapos, um grande pano é formado
Um vislumbre de mudança vai se erguendo feito um norte
Fazemos nova bandeira para a pátria brasileira
Pois só haverá progresso se seguirmos a ordem
de que juntos somos mais fortes

GRANDE COMPANHIA

No ônibus
no trem
no avião
na fila do banco
na fila do shopping
esperando na recepção
na beira do mar
na beira do rio
na borda de uma piscina
a bordo de um navio
no tempo de quem se atrasa
por acaso
no ocaso
no ócio
na cama e no chão
na varanda e até na cozinha

Mesmo se for pequeno
o livro é sempre
uma grande companhia

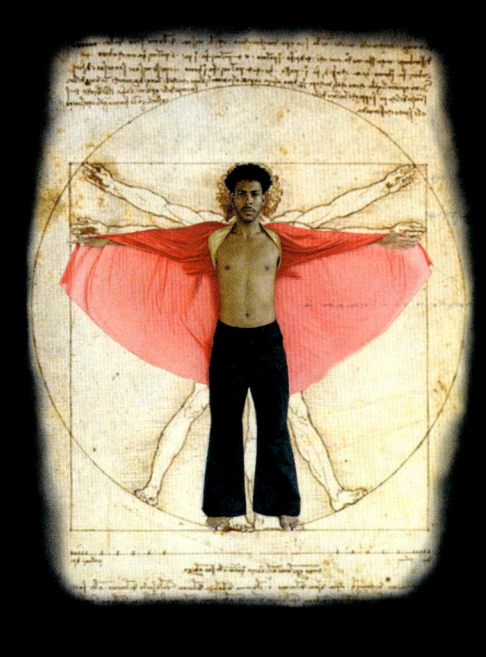

SEJA EMOCIONADO, SEJA HERÓI

Meus olhos sentem falta dos abraços nas esquinas
Das mãos dadas, cenas de carinho
do vendedor de flor pelo caminho
da criança beijando a mão pela bênção das mais velhas

Estou no ônibus da vida, olhando pela janela
e penso nessas imagens como telas esmaecidas
por uma era às avessas
que caminha na contramão do afeto

É um tempo estranho, desconexo
Uma involução humana isso de ser perverso
com a vazão do sentimento
Silenciando o que está dentro e precisa se espraiar

Fico sem fôlego ao imaginar
tantas bocas ávidas e sem beijar
Na virtualidade das interações táteis
em trocas fúteis no digitar

Sinto pena só de pensar
em alguém nessa hora, numa baita festa
Amuado no canto
sentindo vergonha de levantar e dançar
Esquecido que a vida urge, é pra já

Careço do olho no olho
do apreço em vida
em vez do post de homenagem póstuma
Gosto de reparar quem assume a verdade do que gosta
e, sem vergonha, mostra

Num tempo em que a expressão do sentimento
é apagada e não mais constrói
Faça o contrário:
seja revolucionário
seja emocionado
seja herói

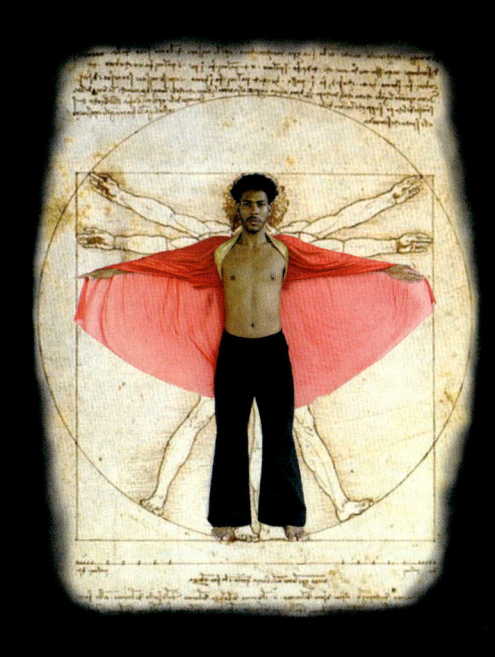

MORTE

Tenho pena de mim
porque sei que há a morte anunciada
De tanta coisa em meu país
que não poderei conhecer

Um rio, que nutriu tantas vidas
matado, vai minguar sem me nutrir

Um sábia detentora do conhecimento passado
Que é uma grande intelectual anônima
Fica atônita diante do presente
e padece de decepção

Uma manifestação cultural
que enriquece os olhos e a mente
É interrompida por falta de incentivos

Uma árvore mágica, ancestral
ceifada pela sanha do dinheiro
Mal que se abate pelo mundo inteiro
Tem sua vida interrompida

E a morte daquele ancestral que
protegendo a mata
Protege a vida de todos:
O indígena

A ignorância dos outros
a futilidade, a soberba
Respinga no meu país
respinga em mim
em meu poema

E assim também morro aos poucos
junto a um Brasil que morre

Que pena!

CONSERVADOR EM CONSERVA

O que conserva um conservador?

Conserva seu interesse vicejante, redivivo, luxuriante
em querer mais, quanto mais tem
Conserva a justificativa
pros seus atos mais torpes, seu desdém
Em nome da família, da pátria
de Deus e de quem convém

Conserva seus bens numerosos e confortáveis
Conserva o espaço opulento e ostentoso
onde desopila seus cansaços:
É lá que assiste, pela TV, a greve de mãos operárias
e as chama de preguiçosas

Conserva seu cavalo e cela
no qual trota em sua fazenda
em território de reserva indígena
Conserva seu isqueiro e gasolina
para tacar fogo e criar pastos
Conserva seus abastos,
mesa farta em desperdícios para si,
sua família e amigos

Conserva um chicote e pelourinho,
"heranças",
para casos de retrocessos emergenciais

Conclusão:
Das utilidades,
mais vale um pote de conserva
que um conservador.

BAHIA PRETA

Rufam os tambores da Bahia Preta
na cadência cotidiana de sua gente trabalhadeira
De corpos que batalham
Que requebram
no ritmo da labuta

De gente astuta que se esquiva
para não tombar
no próximo beco,
na próxima esquina
– Há sempre um estalo à espreita,
uma armadilha
E feito golpe de capoeira
Haja martelo para abrir uma fenda de resistência
em meio à dor

Em Salvador, no interior, no recôncavo
Uma colcha de retalhos
Um mosaico de existências
conversam suas negritudes
de exuberância e sobrevivência

Nas batidas e compassos
são artistas de seus passos e realidades:
No reggae, no samba, na poesia

Vão refazendo a história única
Em decurso de pluralidades
Deságuam múltiplas identidades
nessa terra com dimensão de continente
Elo com o além-mar

És a nova África, Bahia
Assume o teu lugar

Canta teu banzo, tua glória
Honra a tua história
Na melodia afrossinfônica
de tua música
Me faz dançar

CONTINUAÇÃO

Eu não termino aqui, em mim

Permaneço no sonho da família preta
que um dia terei
Nos filhos que educarei

Enquanto eles não chegam,
pavimento a estrada
com ações, letras e palavras
para que o sofrer seja ameno
e viceje uma existência corajosa
destemida, alada

Quero lágrimas de vitória e felicidade
em seus rostos de ébano
O contraste de dentes brancos
do riso expandido na cara preta
Puxando a mim, puxando à mãe

Quero contação de histórias
para dormir e para saber viver
Lembrando a importância de quem veio
para que eles saibam quem são

Quero ensinar o valor
do pão e da partilha
A necessidade da prática e da utopia
O caminhar resignado e orgulhoso
todo dia

Quero uma polícia pacífica e antirracista
que os proteja da violência
em vez de enxergá-los alvos
por não terem a pele alva

Quero falar-lhes de potências
do corpo e da alma
Em nossa mesa farta
na fartura da cumplicidade
que deve existir numa família

Ah, meus filhos e filhas...
Espero e almejo-os,
penso em vocês por demais

Quero continuar
Quero a negritude do amanhã
Quero ser pai!

FOME DE ARTE

Uma vida sem arte é uma vida esquisita
sem questionamento, esquálida, insípida
Extraviada de sonho, de vontade arrefecida
Esquecida da alegria, mórbida, ressentida

Uma vida sem arte é uma vida despida
de possibilidade de inventar outra saída
É puramente lógica e por isso é pífia
Fica sórdida, crua, nula, embrutecida

Uma vida sem arte é uma vida vidinha
com andar cabisbaixo, vida tadinha
Das agendas cheias, agendas vazias
de mesmice e vergonha, de falta de ousadia

Uma vida sem arte é uma vida que míngua
Uma vida sem arte é uma vida sem vida

LUCAS DE MATOS

Comunicador e poeta soteropolitano, Lucas de Matos atua na área da poesia escrita e falada desde 2014, por meio da produção de saraus, sendo o 'Sarau Pôr do Sol e Poesia' o mais recente deles, apresentado em diversos municípios pela Bahia. Recitou nas três edições do premiado programa Conversa Preta (TV Bahia, Rede Globo) e integra a Antologia Terra (Selo Terra, 2021). O vídeo-performance de seu poema 'Preto Ozado' foi premiado na 2ª Mostra Artística da Revista Fraude, organizada pelo Programa de Educação Tutorial da Faculdade de Comunicação da UFBA (PETCOM). Produz vídeo-poesia, dando visibilidade a espaços culturais de Salvador, como os museus voltados para a difusão da cultura afro-brasileira (MUNCAB e Casa do Benin), e é o idealizador do Projeto Quartas Poéticas, disponível em seu canal oficial do Youtube. Além do Brasil, já se apresentou virtualmente em festas literárias em Moçambique e na Colômbia. Viaja pelo país apresentando saraus e rodas de conversa.

SILVANA DE MENEZES

É natural de Belo Horizonte, onde se graduou em Belas Artes na UFMG e se habilitou em Cinema de Animação. A artista transita por vários segmentos artísticos, com relevância para a literatura infantojuvenil, onde atua como escritora e ilustradora. Recebeu em 2008 o Prêmio Jabuti, na categoria Melhor Livro Juvenil, por *Tão Longe... Tão Perto...* – Editora Lê. Em 2009, foi finalista do mesmo prêmio, na categoria Melhor Paradidático. Tem mais de 40 títulos publicados, três deles traduzidos: no México, na Coreia do Sul e na China.

AGRADECIMENTOS

Ao Universo e à sua coreografia cósmica que possibilita os encontros.

A Deus e a toda espiritualidade, que me guiam, me orientam e me protegem.

À ancestralidade, que abriu as portas para que eu seja quem sou.

Aos familiares e amigos, os primeiros entusiastas da minha escrita.

Aos professores que passaram e passarão por mim.

À Janice Florido e à Ciranda Cultural, por acreditarem neste projeto.

À Silvana de Menezes, pelo conceito extraordinário.

À Grisel Sarich, responsável pela foto de capa e pelo ensaio para o livro.

À Naira Barros (foto pág. 30) e à Dominique Gartmann (fotos págs. 66 e 67).

Às pessoas que desejaram que esse sonho se tornasse real.

Axé!